El largo viaje de toby

LIBROS DAIAN

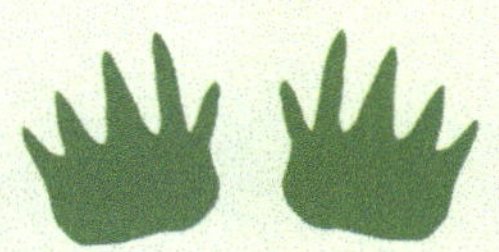

En el corazón de una bulliciosa comunidad ribereña, donde el agua bailaba bajo el sol y los árboles susurraban con el viento, vivía una joven tortuga llamada toby.

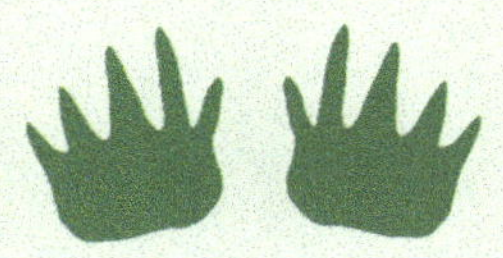

toby no era como las otras tortugas, que se contentaban con descansar en la orilla del río.

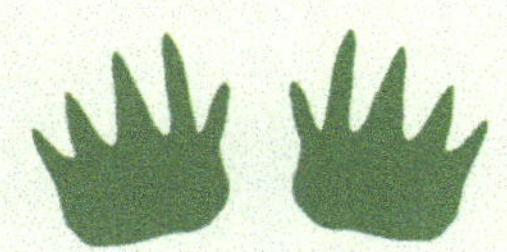

tenía un sueño, uno grande: llegar
al legendario jardín al otro lado
del río, del que se rumoreaba que
era un paraíso para las tortugas.

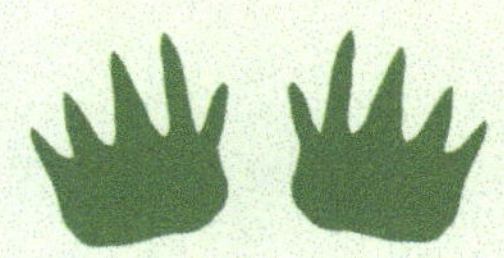

todas las mañanas, toby miraba fijamente el ancho y caudaloso río, imaginando las maravillas del jardín.

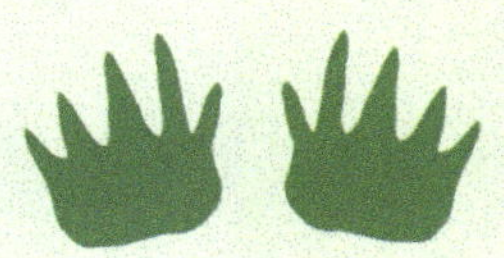

Estaba lleno de exuberantes lechugas, jugosas bayas y rincones bañados por el sol, perfectos para que una tortuga se relajara.

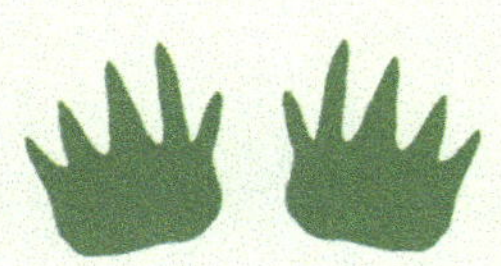

Pero el río era ancho, las corrientes fuertes y el viaje plagado de desafíos que muchos consideraban demasiado peligrosos para una tortuga pequeña como toby.

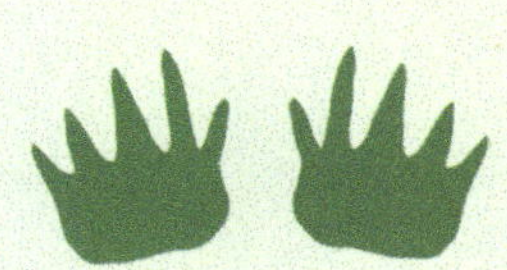

Sin inmutarse, toby decidió
que era hora de hacer su
primer intento.

Empacó una pequeña bolsa con bayas para alimentarse y se dirigió hacia el río, con el corazón lleno de esperanza pero la mente consciente de los peligros.

Sus amigos se reunieron para despedirlo, ofreciéndole palabras de aliento y miradas preocupadas.

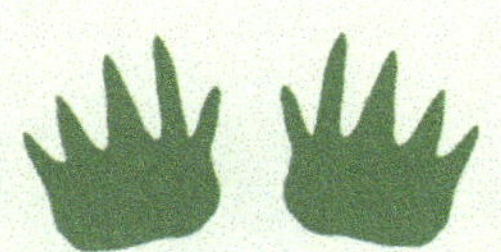

Cuando toby llegó a la orilla
del río, respiró hondo y se
deslizó en el agua fría.

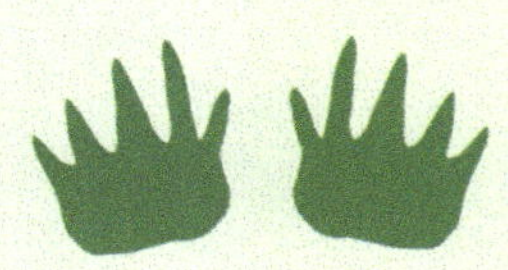

La corriente era más fuerte de lo
que esperaba, empujándolo hacia
atrás cada vez que avanzaba.

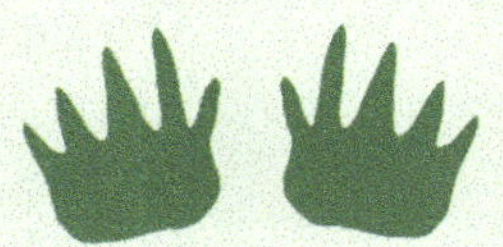

Mientras toby luchaba contra las poderosas corrientes del río, su entusiasmo inicial comenzó a decaer.

Una y otra vez partía,
remando ferozmente, sólo
para ser empujado de
regreso al punto de partida.

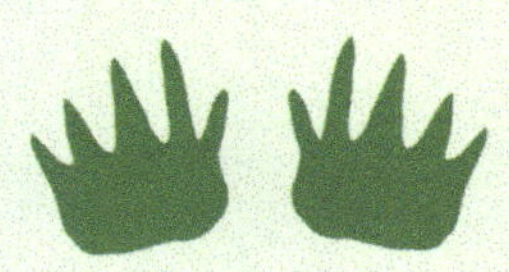

cada fracaso fue un golpe
a su confianza y los
susurros de duda se
hicieron más fuertes.

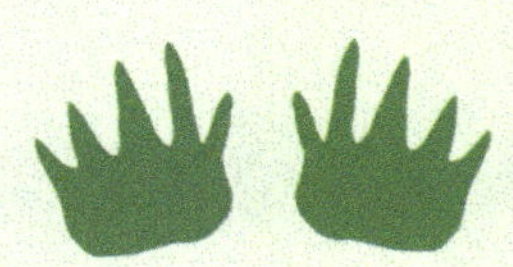

Sin embargo, con cada intento,
toby aprendía algo nuevo.

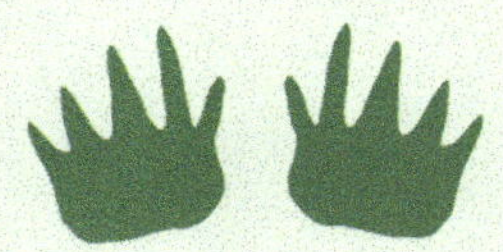

Comenzó a observar los patrones del agua, notando los momentos más tranquilos del día cuando la corriente parecía más suave.

Pidió consejo a su amigo, un viejo pez llamado Marlon, que conocía el río mejor que nadie.

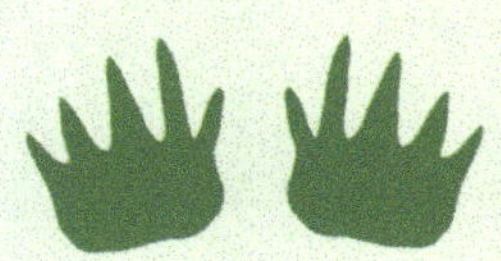

Marlon le enseñó a utilizar
los remolinos y las aguas
poco profundas a su favor.

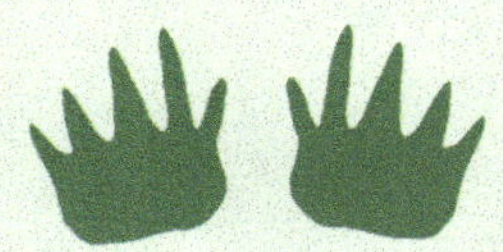

Armado con nuevos conocimientos y una determinación renovada, toby partió una vez más.

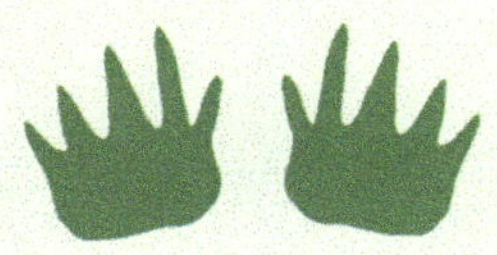

Esta vez, hizo un progreso significativo, logrando llegar a la mitad del río antes de que una fuerte ola lo hiciera caer de regreso a la orilla.

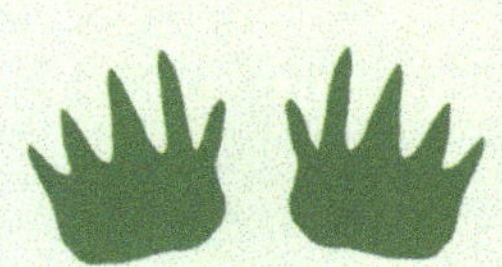

Desanimado pero no derrotado, toby se arrastró hasta la orilla, donde le esperaban sus amigos.

"No te rindas, Toby", animó Bella el castor, que había estado ocupado construyendo su presa cerca. "¡Cada intento te acerca más!"

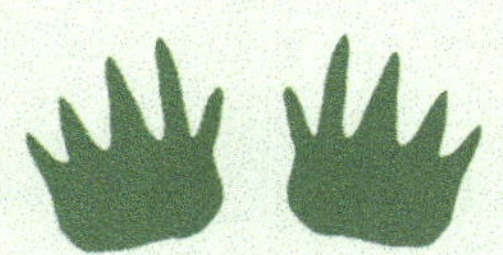

Animado por las palabras de
Bella y el firme apoyo de sus
amigos, toby descansó y luego
volvió a intentarlo. Y otra vez.

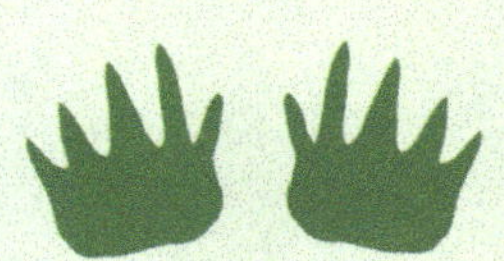

Con cada intento, se volvió más fuerte, más hábil para navegar por las difíciles corrientes y más decidido a alcanzar su objetivo.

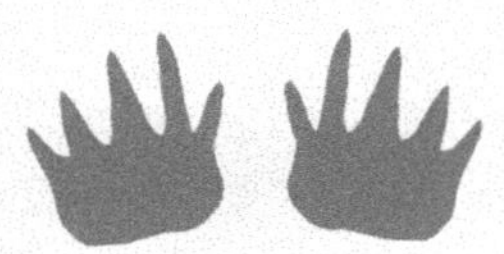

Finalmente, una mañana soleada, con el río inusualmente tranquilo, toby sintió una oleada de esperanza.

Esta vez, remó con todas
sus fuerzas, utilizando cada
habilidad que había
aprendido, cada gramo de
energía que poseía.

Centímetro a centímetro avanzó hasta que, por fin, tocó la suave hierba de la orilla opuesta. ¡Lo había logrado!

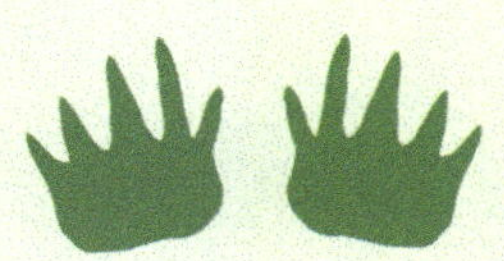

La alegría de toby era
incontenible mientras exploraba
el jardín, disfrutando de los
dulces olores y deleitando la
abundante comida.

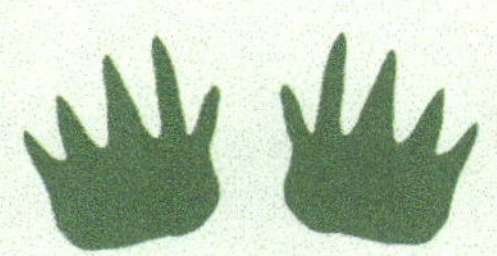

Pero mientras descansaba bajo una frondosa planta, se dio cuenta de que la verdadera alegría no provenía sólo de llegar al jardín sino del viaje mismo.

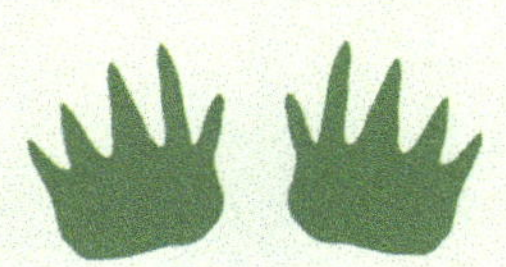

Se había vuelto más fuerte,
más sabio y más confiado.

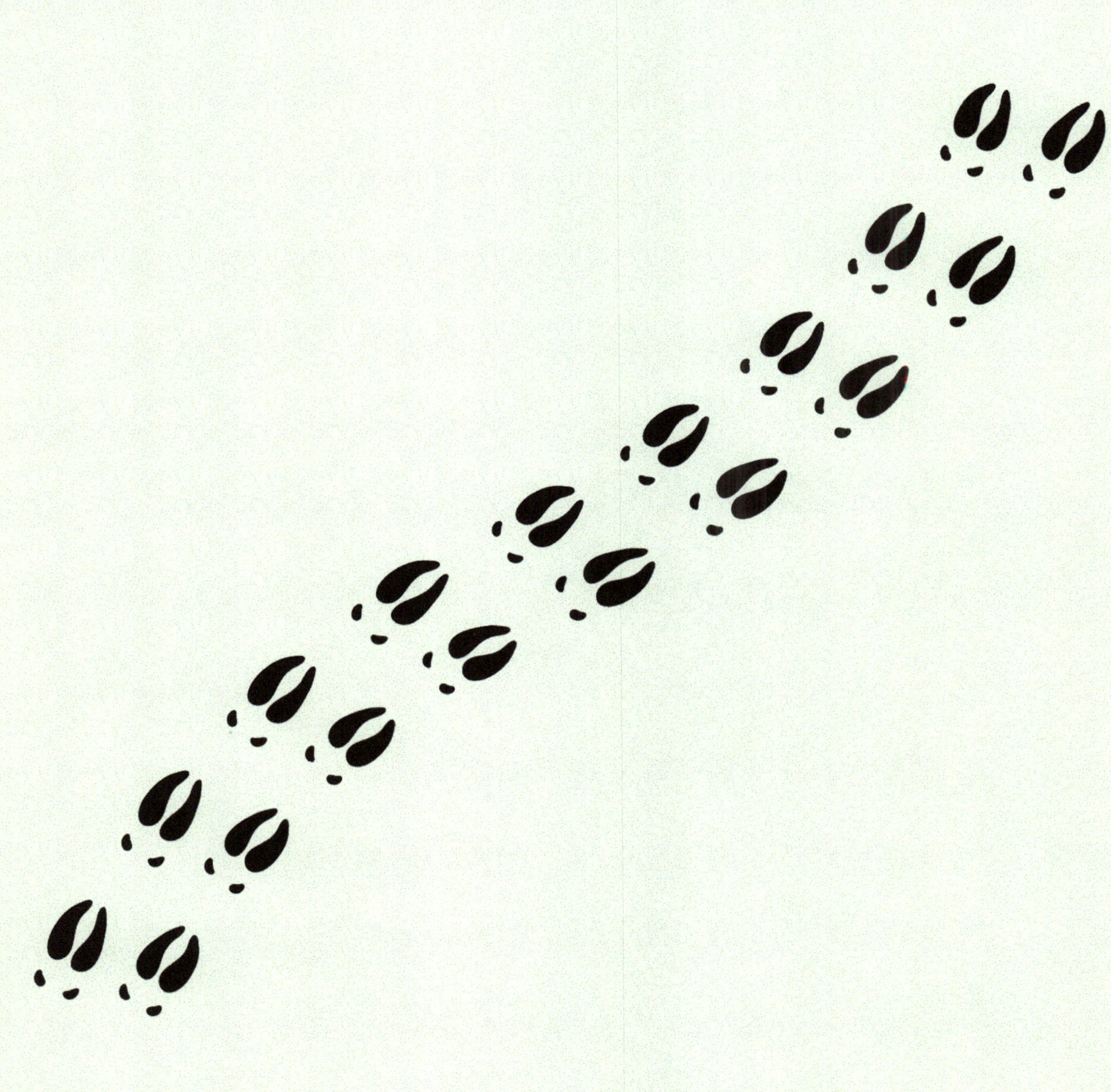